KNISTER

Hexe Lillis Sachwissen
Die Ritterburg

Konzeption von Bettina Gutschalk

Mit farbigen Bildern
von Birgit Rieger
und Manfred Rohrbeck

KNISTER,
geboren 1952 in Wesel.
KNISTER schreibt Bücher, macht Musikkassetten und CD-ROMs.
Verrückt, lustig und spannend! Immer!
Lieblingsfarbe: BUNT
Lieblingsessen: Spaghetti zu jeder Tageszeit
Hobby: In einer Rockband spielen
Sternzeichen: Frosch

Bettina Gutschalk
studierte Kinder- und Jugendliteratur und arbeitet seit vielen Jahren
als Journalistin und Buchautorin. Für Kinder und Jugendliche
schreibt sie Sachbücher, Ratekrimis und Quizbände.

Birgit Rieger
studierte Grafik-Design an der Hochschule der Künste Berlin
und arbeitet seit 1980 als freie Kinder- und Jugendbuch-Illustratorin.
Die von ihr illustrierten Bücher – allen voran „Hexe Lilli" –
erscheinen in vielen Ländern der Welt.

Manfred Rohrbeck,
geboren 1953, arbeitete schon vor seinem Studium als Theatermaler,
dann freiberuflich als Diplommaler und Grafiker.
Er illustriert Sach- und Abenteuerbücher für verschiedene Verlage.

In neuer Rechtschreibung

1. Auflage 2008
© Arena Verlag GmbH, Würzburg 2008
Alle Rechte vorbehalten
Einband und Innenillustrationen: Birgit Rieger, Manfred Rohrbeck
Illustrationen mit Hexe Lilli: Birgit Rieger
Sachillustrationen: Manfred Rohrbeck
Gesamtherstellung: Westermann Druck Zwickau GmbH
ISBN 978-3-401-09218-8

www.arena-verlag.de

Inhalt

Liebe Ritterfreundinnen und -freunde,

„Kann ich dir helfen, junger Mann?", sagte letzte Woche
auf dem Wochenmarkt eine Marktfrau zu Leon.
„Hast du gehört?", rief Leon begeistert. „Sie hat *junger
Mann* zu mir gesagt!"
„Da hat sie doch auch recht", sagte ich und grinste.
„Stell dir vor, sie hätte dich mit *junge Frau* angesprochen."
„Oder noch schlimmer: *alte Frau*. So wie ich eine bin!",
platzte die Marktfrau heraus. „Aber das würde ich natürlich
niemals sagen, weil es nicht ritterlich wäre."
„Sie meinen höflich?", fragte ich.
„Unhöflich wäre es außerdem, aber mein verstorbener
Mann hat immer gesagt, ritterliche Kunden soll man auch
ritterlich behandeln."
„Das habe ich noch nie gehört, *ritterliche Kunden* …"
Ich wunderte mich.
„Das Sprichwort heißt eigentlich: *Der Kunde ist König*",

erklärte die Marktfrau. „Davon halte ich nicht viel. Mein verstorbener Mann sagte immer: *Kunden und Händler sollten sich ritterlich begegnen. Von Ritter zu Ritter, sozusagen. Schließlich darf sich ein König alles herausnehmen, ein Ritter aber nicht.* Die Ritter lebten nach einem strengen Ehrenkodex."

„Was soll das denn heißen: Ehrenpodex?" Leon verstand mal wieder überhaupt nichts.

„Es muss Ehrenkodex heißen", sagte ich und konnte mir das Kichern nicht verkneifen. Ritter lebten nach einem strengen *Kodex,* das heißt nach sehr strengen Regeln."

„Eben ritterlichen Ehrenregeln", bestätigte die Marktfrau. „Niemals würde sich ein Ritter erlauben, sich vorzudrängeln oder unerlaubt Obst zu probieren. Wie das leider manche Kunden so machen. Ritterlich benimmt sich selten jemand!"

Da fiel mir was ein: „Sehr streng waren zur Ritterzeit auch die Tischregeln. Die erste hieß: *Saufe nicht aus der Schüssel!* Regel Nummer zwei: *Schnäuze nicht in das Tischtuch!*"

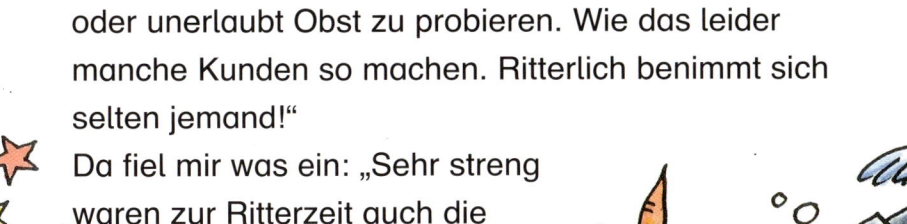
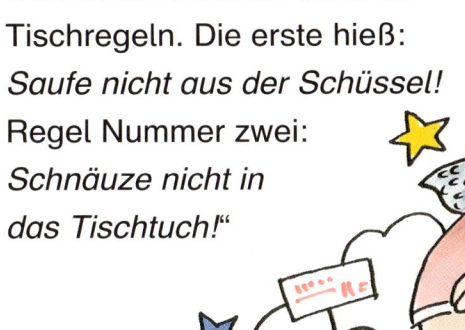

Leon schaute mich mit ungläubigen Augen groß an:
„Pfui Teufel!"
Die Marktfrau nickte schmunzelnd.
„Weiter!", drängte Leon.
„Regel Nummer drei: *Rede und iss nicht gleichzeitig.*"
„Das sagt Mama auch immer", bestätigte Leon.
„Nummer vier: *Nimm nichts aus der
Schale deines Nachbarn und spucke
ihm nicht in das Essen!*"
„Bah! Wer macht denn so was?"
„Hoffentlich niemand, wenn
alle sich an die Regeln halten."
„Gab es noch mehr so klasse
Sachen?", wollte Leon wissen.
„Ich kann mich nicht mehr so
ganz genau erinnern, aber am
tollsten fand ich, dass es einen
Ritter gegeben haben soll,
der so gefräßig war, dass er
sich in die Hand
gebissen hat!"

„Das darf doch nicht wahr sein!", rief Leon. „Er hat sich die
eigenen Finger abgebissen?"

„Wer hat sich die eigenen Finger abgebissen?", fragte Mama,
die in diesem Moment an den Marktstand kam.

„Der gierige Ritter!", brüllte Leon begeistert. „Die Marktfrau
hat es auch gesagt! Ihre Kunden machen auch so Sachen.
Die benehmen sich noch schlimmer als die Ritter!"

„So etwas haben Sie behauptet?", fragte Mama entrüstet.
Sie war nämlich Stammkundin bei diesem Marktstand.

„So habe ich das nicht gemeint", beeilte sich die Frau zu
versichern. „Bei uns ist jeder Kunde König, äh, Ritter,
gnädige Frau. Aber ich muss schon sagen, also Ihre
Kinder haben eine blühende Fantasie . . ."

„Und noch was, Mama!", posaunte ich über den ganzen
Marktplatz: „Deine Kinder können sich wirklich *ritterlich*
benehmen!"

Viel Spaß beim Lesen
wünscht dir
deine Geheimhexe

Lilli

Was war ein Ritter?

**Stolz reitet der Ritter auf
seinem Pferd über den Platz.
Silbern glänzt seine Rüstung
in der Sonne. Schon hebt er
seine Lanze und prescht auf
den Gegner los ...**

Bestimmt kennst du die Ritter aus Büchern oder aus dem
Fernsehen. Meist werden sie als tapfere Kämpfer gezeigt.
Was weißt du sonst noch über die Ritter?

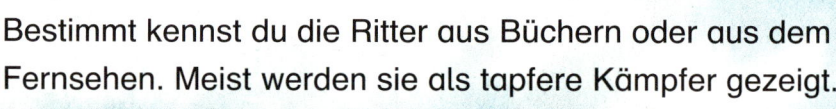

Die Zeit der Ritter

Die Ritter lebten im Mittelalter. So heißt die Zeit vor rund 1000 Jahren. Sie kämpften für ihren Herrscher: einen König oder Fürsten. Dafür gab er ihnen Geld oder Land.

Rittertugenden

Ein Ritter musste sich auf eine bestimmte Weise verhalten: Er sollte die Schwachen beschützen, Gutes tun, tapfer sein und seinem Herrscher treu dienen. Dieses Verhalten nannte man die „ritterlichen Tugenden". Es galt als edel und unterschied den Ritter vom einfachen Krieger.

Ritter sollten edel sein, das heißt anderen Menschen helfen.

Wer konnte Ritter werden?

Um Ritter zu werden, musste man „adlig" sein. Das heißt, man musste der Sohn eines vornehmen Edelmannes, eines „Adligen", sein. Söhne von Bauern konnten normalerweise keine Ritter werden.

Ein Wappen für die Familie

Die Ritter stammten aus vornehmen Familien. Jede Familie besaß ihr eigenes Wappen. Das war ihr Erkennungszeichen im Kampf. Daher trug der Ritter sein Wappen auf seinem Schild und auf seiner Rüstung.

Jede Familie hatte ein eigenes Bild auf dem Wappen.

Ein berühmter Ritter

Lilli hat im Buch „Hexe Lilli und der Ritter auf Zeitreise" einen lustigen Ritter aus der Literatur herbeigezaubert. Weißt du, wer es ist?

a) Siegfried
b) Don Quichotte
c) König Artus

11

Woraus bestand die Ritterrüstung?

Der Ritter trug zum Schutz vor Verletzungen eine Rüstung aus Eisen. Sie bestand aus Helm, Brustpanzer, Kettenhemd, Arm- und Beinschienen, Eisenhandschuhen und Eisenschuhen.

Zu Beginn der Ritterzeit trugen die Ritter noch nicht ganz so viel Eisen am Körper. Dadurch waren sie leichter verletzbar. Im Laufe der Jahrhunderte veränderte sich die Rüstung: Es wurden immer mehr Stellen mit Eisen geschützt. Dadurch wurde die Rüstung aber auch sehr schwer. Manche Rüstungen wogen 30 Kilo.

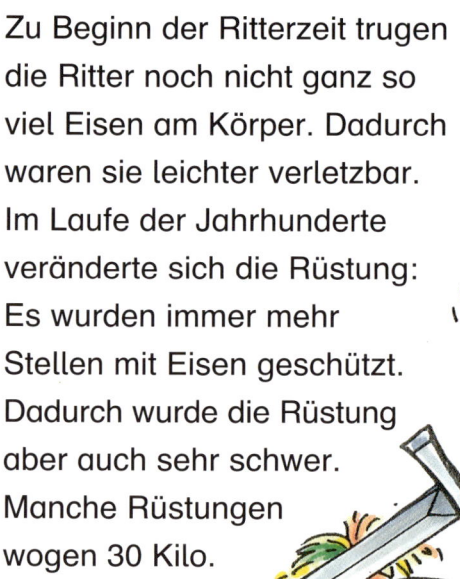

Helmglocke

Sehschlitz

Visier

Schild

Harnisch-
schulter

Brust-
panzer

Bauch-
reifen

Beintasche

Kniebuckel

Beinröhre

Schuh

Ritter um 900

Eine Rüstung wog so viel wie
ein siebenjähriges Kind und
kostete so viel wie 45 Kühe.
Das war damals die ganze
Herde eines Dorfes.

Ritter um 1500

Gut gerüstet

Auch Waffen gehörten zur Ausrüstung des Ritters:
Schwert, Lanze, Dolch, Armbrust, Hellebarde,
Streitkolben, Morgenstern.

Hoch zu Ross

Ein Ritter hatte nicht nur ein einziges Pferd. Er reiste
normalerweise mit einem Reitpferd, einem Streitross für
den Kampf und einem Packpferd. „Ritter" hießen die Ritter
übrigens, weil sie nicht zu Fuß gingen, sondern auf einem
Pferd ritten.

Schild

Morgenste

Armbrust

Streitkolben

Treue Begleiter

Ein Ritter wurde meist von einem Knappen und einem Diener begleitet. Der Knappe half ihm aufs Pferd und versorgte das Tier auch.

Hellebarde

Zwei sind falsch!

Was gehört nicht zur Ritterrüstung?

15

Wie wohnte
ein Ritter?

**Die Burg war der Wohnsitz
der meisten Ritter.
Es gab große und kleine
Burgen, prunkvolle
Fürstensitze oder mächtige
Festungen.**

Alle Burgen waren von einer starken Ringmauer umgeben,
an deren Ecken sich hohe Wehrtürme befanden. Dahinter
gab es Wohnhäuser für die Dienstleute, Werkstätten,
Ställe oder einen Garten.

Vom Palas zum Bergfried

Hinter einer zweiten, inneren Ringmauer wohnten der
Burgherr und seine Familie im Palas. Der war
das prächtigste Gebäude mit dem Rittersaal.
An einer geschützten Stelle stand
der Bergfried, ein hoher Turm.
Er war bei einem Angriff
der letzte Zufluchtsort für
die Burgbewohner.

Stall

Wohnhaus

Schmiede

Vor den Toren

Außerhalb der Ringmauer verlief ein Burggraben. Er war mit Wasser gefüllt und sollte es den Feinden schwer machen, sich der Burg zu nähern. Vor dem Eingang befand sich eine Zugbrücke. Nur über sie konnte man zum Burgtor gelangen, das mit einem Eisengitter versehen war.

Kapelle

Bergfried

Palas

Garten

Brunnen

Ringmauer

Zugbrücke

Allerlei Burgbewohner

Außer dem Burgherrn und seiner Familie gab es viele
Bedienstete: z. B. einen Verwalter, einen Schmied,
die Köchin, den Schreiner, den Waffenmeister,
den Jagdaufseher, den Mundschenk, die Pferdeknechte
und die Mägde.

Der Priester

Er war nicht nur zum Predigen oder zum Beichteabnehmen
da, sondern unterrichtete auch die Kinder des Burgherrn
im Lesen, Schreiben und Rechnen.

Die Burgherrin

Die Frau des Ritters überwachte die Vorräte, verwaltete die Ländereien und das Geld. Auch für die Erziehung der Töchter sorgte sie. Daneben stickte, spann und webte sie Stoffe und Teppiche. Oft war sie außer dem Priester die Einzige auf der Burg, die lesen, schreiben und rechnen konnte.

Schattenburgen

Bei Nacht und Nebel sieht man die Burg nur als Schatten. Welcher ist der richtige?

a

b

c

d

19

Welche Ausbildung brauchte der Ritter?

Ritter werden war gar nicht so einfach! Ein junger Mann musste eine harte Lehrzeit hinter sich bringen, bevor er sich Ritter nennen durfte.

Die Lehrzeit dauerte rund 14 Jahre. Schon mit knapp sieben Jahren musste ein Junge sein Elternhaus verlassen, um auf einer fremden Burg das Ritterhandwerk zu erlernen.

Sich „die Sporen verdienen" hieß, die Ausbildung zum Ritter zu durchlaufen. Heute bedeutet das, sich etwas zu erarbeiten.

Der Page

Das war die erste Ausbildungsstufe zum Ritter. Der Junge lernte auf der fremden Burg reiten, den Faustkampf und das Bogenschießen. Außerdem musste er den Burgherrn bedienen. Die Burgherrin brachte ihm bei, wie man sich bei Tisch benahm oder tanzte.

Der Knappe

Mit 14 Jahren wurde aus dem Pagen ein Knappe. Jetzt lernte er den Umgang mit Schwert, Lanze und den übrigen Waffen. Er versorgte die Pferde des Ritters, half ihm beim Anziehen, putzte seine Rüstung und die Waffen, begleitete ihn auf die Jagd oder zu Turnieren. Er folgte seinem Herrn auch in den Kampf.

Der Ritterschlag

Erst wenn der Knappe sieben Jahre lang seinem Herrn gedient hatte, erhielt er mit 21 Jahren in einer feierlichen Zeremonie den Ritterschlag. In der Nacht vor diesem Ereignis musste der Knappe allein in der Burgkapelle beten. In der Morgenmesse wurde sein Schwert geweiht. Dann erhielt er von seinem Herrn einen leichten Schwertschlag auf die Schulter. Das war der Ritterschlag. Danach wurde ein Fest gefeiert.

Auf dem Schlachtfeld

Wenn ein Mann sich z. B. während einer Schlacht sehr tapfer verhalten hatte, konnte ihn sein Herr auch schon auf dem Schlachtfeld zum Ritter schlagen – sogar, wenn er nicht von adliger Abstammung war.

War der Burgherr auf Reisen oder im Krieg, so führte die Burgherrin den Ritterschlag aus.

Ritterrätsel

Vom Pagen zum Ritter – Was gehört zusammen?

Page

Knappe

Ritter

23

Was arbeitete ein Ritter?

Zur Zeit der Ritter gab es viele Kriege. Die Ritter hatten ihren Herren Treue geschworen. Deshalb zogen sie für sie in die Schlacht. Doch was taten die Ritter sonst noch?

In Friedenszeiten lebten die Ritter auf ihren Burgen und herrschten über ihr Land. Sie hatten die Ländereien zu verwalten, dafür zu sorgen, dass die Bauern genügend Abgaben an sie leisteten, oder auch Recht zu sprechen, wenn es Streit gab unter den Bauern.

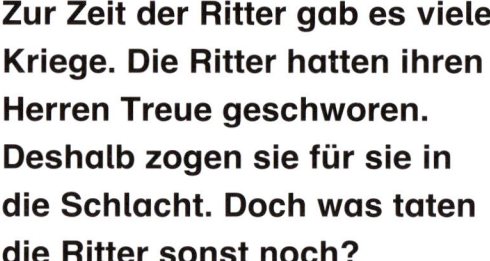

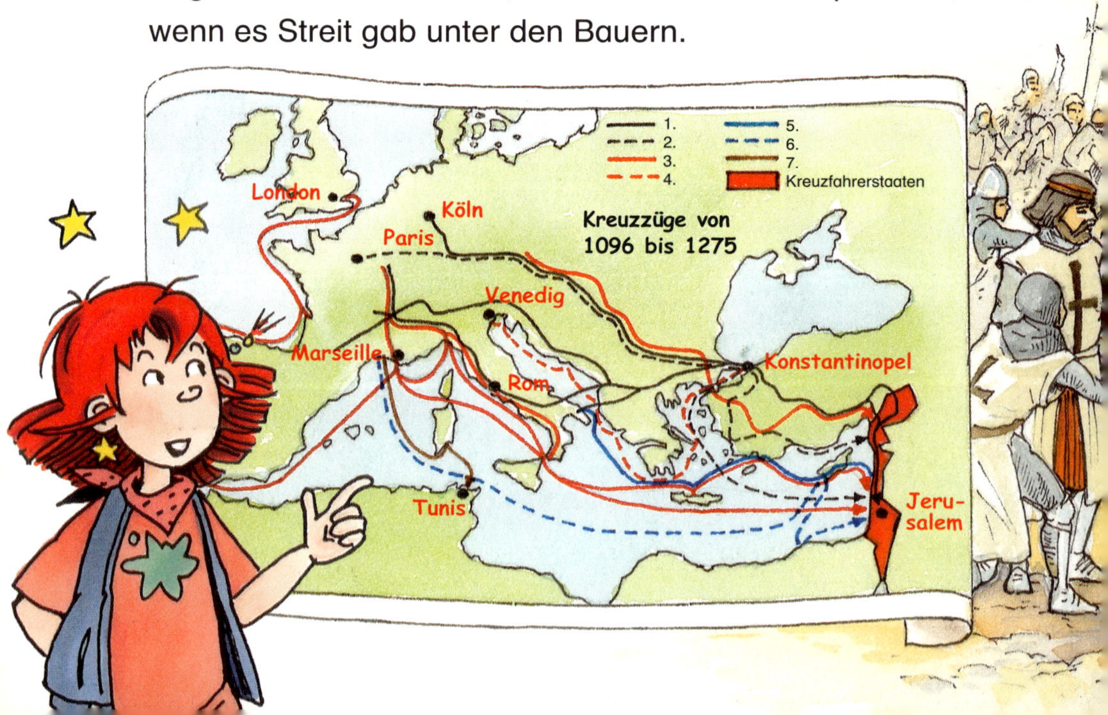

London
Köln
Paris
Venedig
Marseille
Rom
Konstantinopel
Tunis
Jerusalem

1.
2.
3.
4.
5.
6.
7.
Kreuzfahrerstaaten

Kreuzzüge von 1096 bis 1275

Auf der Jagd

Eine beliebte Freizeitbeschäftigung war die Jagd. Wer das meiste Wild erlegte, war Sieger. Oft ritten die Ritter aber rücksichtslos über die Felder und zerstörten die Ernte.

Kreuzzug nach Jerusalem

Der Papst rief die Christen auf, nach Jerusalem zu ziehen, um das Grab Jesu von den arabischen „Heiden" zu befreien. „Heiden" nannte man alle Menschen, die keine Christen waren. Viele Ritter nahmen an diesen sogenannten Kreuzzügen teil. Sie glaubten, einer guten Sache zu dienen. Dabei töteten sie aber viele unschuldige Menschen.

Es gab insgesamt sieben Kreuzzüge.

25

Training im Turnier

Auch wenn kein Krieg war, kämpften die Ritter. Sie maßen
ihre Kräfte in Kampfspielen, den Turnieren. Die Besucher
saßen alle fein gekleidet auf Tribünen und schauten den
Wettkämpfen gespannt zu. Der Sieger des Turniers bekam
einen Preis. Anschließend wurde gefeiert!

Verschiedene Turnierarten

Der **Tjost** war ein Zweikampf. Die Ritter versuchten, sich in
vollem Galopp mit ihren Lanzen aus dem Sattel zu heben.
Dann ging der Kampf auf dem Boden mit dem Schwert
weiter, bis einer aufgab.

Zeitweise starben mehr
Ritter bei Turnieren als
auf dem Schlachtfeld.

Beim **Buhurt** traten zwei Mannschaften mit Schwert und Lanze gegeneinander an. Beim **Kolbenturnier** schlugen sich zwei Ritter mit dem Schwert oder mit hölzernen Kolben. Sieger war der, der den Federbusch auf dem Helm des Gegners abschlug.

Nachgedacht!

Was taten die Ritter nicht in ihrer Freizeit?

27

Wie wurde auf der Burg gefeiert?

Köstlicher Bratenduft zieht durch den Rittersaal. Fröhlich spielen die Musiker zum Tanz auf. Ein Burgfest war ein ganz besonderes Ereignis.

Der Rittersaal wurde festlich geschmückt und viele Gäste von nah und fern eingeladen. Die langen Tafeln waren mit Platten voller Braten, Würsten, Gemüse und Brot gedeckt. Es wurden Wildschwein- und Rehbraten, Hühner, Gänse, Enten und Fasane serviert, manchmal sogar gebratene Schwäne. Wein und Bier flossen in Strömen. Zum Nachtisch gab es Früchte und Kuchen.

Zur Ritterzeit sagte man „die Tafel aufheben", wenn man die Bretter der Festtafel wegräumte. Heute meint man damit: das Essen beenden.

Tischmanieren

Gegessen wurde mit den Fingern. Das Brot tunkte man einfach in die Schüsseln. Meist gab es nur am Tisch des Burgherrn Teller. Die anderen Gäste bekamen eine Scheibe Brot als Unterlage. Vor und nach dem Essen reichten die Pagen Schüsseln mit Rosenwasser, in denen man sich die Hände waschen konnte.

Musikanten, spielt auf!

Für Unterhaltung sorgten Musikanten, Gaukler und
Spielleute. Sie musizierten mit Lauten, Flöten, Tamburinen
und Trommeln, Fidel und Leier. Sie machten Kunststücke,
jonglierten mit Bällen oder erzählten Geschichten.

Der Hofnarr musste mit Späßen seinen Herrn zum Lachen bringen.

Applaus für den Minnesänger

Der Minnesänger reiste von Burg zu Burg und sang von tapferen Helden und ihren guten Taten. Oft erzählten die Minnesänger auch von der Liebe. Die Liebe hieß zur Zeit der Ritter „Minne". Deshalb nannte man diese Sänger Minnesänger. Sie begleiteten ihre Lieder mit der Harfe oder der Laute.

Echt zum Lachen!

Wie nannte man den Mann, der auf der Burg die Leute zum Lachen brachte?

a) Clown
b) Hofnarr
c) Minnesänger

b

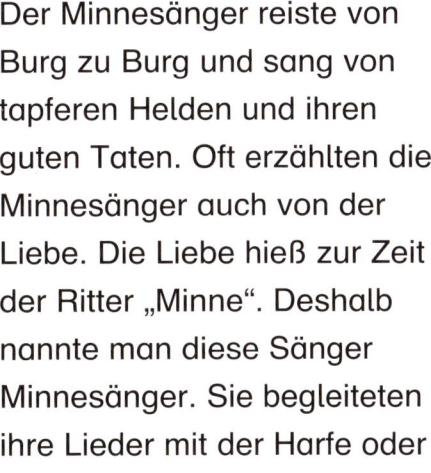

a

c

Wie lebten die Menschen damals?

Bauern, Handwerker, Adlige, Priester: Zur Zeit der Ritter war die Gesellschaft in sogenannte Stände eingeteilt.

Die Ständegesellschaft war wie eine Pyramide aufgebaut. Die meisten Menschen waren Bauern. Sie standen ganz unten in der Pyramide. Ganz oben an der Spitze befanden sich der König oder der Kaiser. Die Herrscher verliehen an die obersten Vertreter der Kirche oder an die Grafen und Herzöge Land. Das nannte man Lehen. Als Gegenleistung schworen die Lehensleute dem Herrscher Treue und stellten ihm Soldaten und Geld für Kriege.

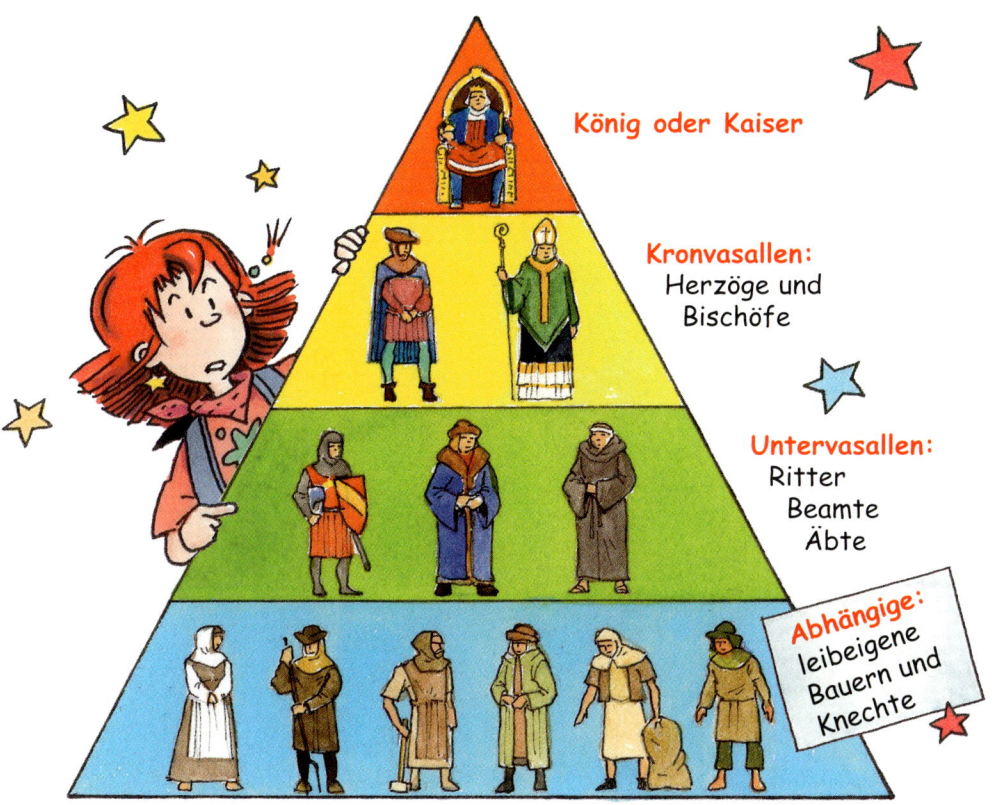

König oder Kaiser

Kronvasallen:
Herzöge und
Bischöfe

Untervasallen:
Ritter
Beamte
Äbte

Abhängige:
leibeigene
Bauern und
Knechte

Der Herr entscheidet

Die Lehensleute verteilten ihr Land an Burgherren und
Ritter. Auf diesem Land arbeiteten Bauern und Leibeigene.
Sie mussten dem Burgherrn einen Großteil ihrer Ernte
abliefern. Außerdem mussten sie Dienste auf der Burg
des Herrn leisten, die Frondienste. Sie durften nicht selbst
über ihr Leben entscheiden, sondern mussten für fast
alles eine Erlaubnis ihres Herrn einholen, z. B. auch,
wenn sie heiraten wollten.

Neue Städte

Zur Zeit der Ritter wurden viele Städte gegründet. Dort wohnten vor allem Kaufleute und Handwerker. Die Städte waren zum Schutz vor Überfällen von dicken Mauern umgeben. Nur durch die Stadttore kam man hinein.

Die Macht der Kirche

Die Bauern mussten auch der Kirche einen großen Teil ihrer Ernte abgeben – also den Bischöfen, Priestern und Mönchen. Da die Kirche dadurch sehr reich war, wurden prachtvolle Kathedralen und große Klöster gebaut. Die Mönche waren oft die Einzigen, die lesen und schreiben konnten. In den Klöstern gab es große Bibliotheken, in denen das ganze Wissen der Zeit gesammelt war.

Rechne aus!

In welcher Klosterbibliothek stehen die meisten Bücher?

a: $50-4\cdot3$

b: $10+15+30$

c: $60:2\cdot3$

d: $6\cdot6+40$

Was geschah beim Burgangriff?

„Alarm! Die Burg wird angegriffen!", schreien die Wachen von den Türmen. Schnell bringen sich alle hinter den Mauern in Sicherheit.

Die Zugbrücke wird hochgezogen, das Fallgitter vor dem Tor heruntergelassen und alle greifen zu ihren Waffen. Die Wachen halten sich hinter den Schießscharten mit Pfeil und Bogen bereit. Steine werden bereitgestellt, um sie auf die Angreifer zu schleudern.

Katapult

Und was tun die Angreifer?

Zuerst füllen die Angreifer den Graben um die Burg herum mit Holz, Steinen und Erde. Dann versuchen sie, Leitern und fahrbare Holztürme nahe an die Mauern zu bringen. Mit einem Rammbock wollen sie das Tor aufstoßen. Sie schießen brennende Pfeile über die Mauern, um die Burg in Brand zu setzen. Auch zielen sie mit riesigen Steinschleudern auf die Mauern, um sie einzureißen.

Das heißt Sturmangriff.

ZAWUSCH!

Das Katapult war eine Wurfmaschine für große Steinblöcke, die die Mauern der Burg einreißen sollten.

Rollturm
mit Rammbock

Speerschleuder

Lange Belagerung

Eine große Burg war meist so gut befestigt, dass man sie nicht im Sturmangriff nehmen konnte. Sie wurde deshalb so lange belagert, bis die Bewohner nichts mehr zu essen hatten und aufgeben mussten.

Geheimnis unter der Erde

Lilli hat einen Plan für den unterirdischen Geheimgang gefunden. Wie viele Schritte muss sie insgesamt gehen?

Gehe $5 \cdot 2 + 3$ Schritte geradeaus bis zur Eisentür, von dort aus $50 : 2 - 5 + 20$ Schritte nach rechts, dann $2 \cdot 10$ Schritte die Treppe hinunter und $3 \cdot 9$ Schritte nach links!

Durch den Geheimgang konnte ein Bote Hilfe holen. Oft ließen sich Burgbewohner bestechen und verschafften dem Feind heimlich Einlass.

39

Wie ging das Rittertum zu Ende?

**Klar, heute gibt es keine
Ritter mehr. Höchstens in
Büchern und Filmen.
Wie konnten sie so einfach
verschwinden?**

Viele Ritter gaben viel Geld aus für ihre Rüstung, Kleidung,
ihre Burg oder für Feste. Meist gaben sie mehr aus, als sie
einnahmen. Kam dann eine Hungersnot, konnten ihnen die
Bauern weniger Abgaben liefern. So verarmten im späten
Mittelalter immer mehr Ritter.

Die Raubritter sind los

Manche verarmten Ritter wurden zu Raubrittern:
Sie plünderten Reisende und Kaufleute aus. Bald gab es
so viele Raubritter, dass die Könige gegen sie Kriege führten.

Erfindung des Schießpulvers

Im späten Mittelalter kamen das Schießpulver und die
Kanonen auf. Der Kraft dieser Waffen waren selbst die
stärksten Ritterrüstungen und Schwerter nicht gewachsen.

Die Nachfahren der Ritter

Christliche Ritterorden, die schon um das Jahr 1100 Kranke und Verwundete pflegten, gibt es noch heute – z. B. die Johanniter. Natürlich ziehen sie nicht mehr in den Kampf, sondern widmen sich ausschließlich der Krankenpflege. Auch das Deutsche Rote Kreuz geht auf einen Ritterorden zurück.

Die ritterlichen Tugenden

Ritterlich können wir auch
heute noch sein, indem
wir anderen helfen oder
Schwache beschützen.
So lebt das Rittertum in
uns fort.

Rüstungen und Schwerter
tragen die Johanniter
natürlich nicht mehr. Sie
benutzen Verbandszeug
und Krankenbahre.

Böse Buben

Wie heißen die Ritter,
die Reisende überfielen,
um sie auszurauben?

a) Johanniter
b) Kreuzritter
c) Raubritter

a

b

c

Lillis Quatschgeschichte

Lilli erzählt ihrem Bruder Leon wieder einmal allerhand Quatsch. Erkennst du, was stimmt und was nicht?

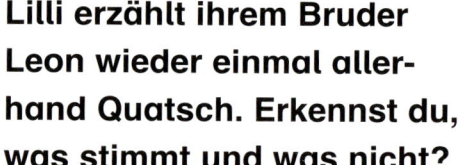

„Die Ritter lebten im sogenannten Mittelalter, der Zeit vor rund 1 000 Jahren. Sie wohnten in Klöstern und beteten den ganzen Tag. Aber wenn der König sie rief, zogen sie für ihn in den Krieg. Denn sie hatten ihm Treue geschworen. Viele Ritter zogen ins „Heilige Land", um angeblich das Grab Jesu zu verteidigen. Diese Kriege nannte man Kreuzzüge. Dabei kämpften die Ritter nie, sondern beteten nur.

Am meisten bewundert wurden die Raubritter. Sie verkörperten die ritterlichen Tugenden. Ritterliche Tugenden waren:
viel saufen, Leute überfallen und fette Beute machen.
Wenn man das schaffte, dann war man ein edler Krieger
und wurde vom Papst zum Ritter geschlagen!"

Auflösungen

S. 11: Lösung b. Es war der Ritter
Don Quichotte.

S. 15: Angel, Gewehr

S. 19: Lösung c

S. 23: Page: mit Pfeil und Bogen schießen; Knappe:
mit Schwert und Lanze kämpfen; Ritter: Ritterschlag

S. 27: Ritter hatten noch keine Schlagzeuge und
kannten keine Skier.

S. 31: Lösung b. Auf vielen Burgen sorgte ein Hofnarr
für Unterhaltung.

S. 35: In Bibliothek c gibt es die meisten Bücher (90 Stück).

S. 39: Sie muss 100 Schritte gehen.

S. 43: Lösung c. Es waren die Raubritter.

S. 44, 45: Lillis Quatschgeschichte

Es stimmt, dass die Ritter im Mittelalter, der Zeit vor rund 1 000
Jahren lebten. Sie wohnten normalerweise aber nicht in Klöstern,
sondern in Burgen. Tatsächlich zogen sie für ihren König in den
Krieg, denn sie hatten ihm Treue geschworen. Auch zogen sie auf
den Kreuzzügen ins „Heilige Land". Aber dort beteten sie nicht,
sondern kämpften und brachten unschuldige Menschen um.
Die Raubritter wurden nicht bewundert, sondern waren gefürchtet.
Sie verkörperten keinesfalls die ritterlichen Tugenden. Diese
Tugenden waren: Schwachen helfen, ehrlich und tapfer sein.
Wenn man Leute ausraubte, wurde man dafür nicht zum Ritter
geschlagen. Das tat auch nicht der Papst, sondern ein König,
Fürst oder ein anderer weltlicher Herrscher.

Register

Hexe Lilli erobert die Sachbuchwelt

ISBN 978-3-401-09104-4

Hexe Lilli nimmt Kinder ab 7 Jahren mit auf eine abenteuerliche Reise durch die Welt des Wissens. Spannende Themen, verblüffende Fakten, Zusammenhänge leicht verständlich erklärt und jede Menge zum Raten und Tüfteln. Mit Hexe Lilli macht es doppelt soviel Spaß, Neues zu entdecken!

ISBN 978-3-401-09059-7

ISBN 978-3-401-09058-0

Jeder Band: Ab 7 Jahren
48 Seiten • Gebunden
Format 15,3 x 20,5 cm
Durchgehend farbig illustriert
Mit Hexe Lilli Figur am
Lesebändchen

www.arena-verlag.de
www.knister.com